ROUEN, IMPRIMERIE PAUL LEPRÊTRE, 75, RUE DE LA VICOMTÉ

LA PROPRIÉTÉ FONCIÈRE

DU CLERGÉ

ET LA

VENTE DES BIENS ECCLÉSIASTIQUES

DANS

LA SEINE-INFÉRIEURE

Par Georges LECARPENTIER

LICENCIÉ ÈS-LETTRES
DIPLOMÉ DE L'ÉCOLE DES SCIENCES POLITIQUES

ROUEN
LESTRINGANT, Éditeur
11, rue Jeanne-d'Arc

PARIS
DUMONT, Éditeur
42, rue Barbet-de-Jouy, VIIe

1901

LA PROPRIÉTÉ FONCIÈRE DU CLERGÉ

ET LA

VENTE DES BIENS NATIONAUX

DANS LA SEINE-INFÉRIEURE

Spécialement dans le district de Caudebec

DU MÊME AUTEUR:

DÉJA PARU

Chez Alcan : Rapport des Sciences Politiques avec les Sciences Sociales (Extrait du Compte-Rendu du Congrès International des Sciences Politiques).

Chez Alcan : L'Industrie Cotonnière Française et les Débouchés coloniaux (*Annales des Sciences Politiques*, n° mai 1901).

POUR PARAITRE BIENTOT (DANS LA MÊME REVUE)

Le Nouveau Projet de Loi sur les Voies navigables.

EN PRÉPARATION

Études sur l'Irlande.

LA PROPRIÉTÉ FONCIÈRE

DU CLERGÉ

ET LA

VENTE DES BIENS ECCLÉSIASTIQUES

DANS

LA SEINE-INFÉRIEURE

Par Georges LECARPENTIER

LICENCIÉ ÈS-LETTRES

DIPLÔMÉ DE L'ÉCOLE DES SCIENCES POLITIQUES

ROUEN	PARIS
LESTRINGANT, Éditeur	DUMONT, Éditeur
11, rue Jeanne-d'Arc	42, rue Barbet-de-Jouy, VIIe

1901

PRÉFACE

Quelle proportion du sol français possédait le clergé avant la Révolution ? Est-ce la vente des biens nationaux qui a créé en France la petite propriété foncière ? Ce sont là deux questions auxquelles la passion politique a répondu bien avant l'érudition et l'histoire. Deux légendes sont nées que toutes les recherches historiques ont infirmées et qui ne consentent pas cependant à disparaître. C'est encore une opinion courante et populaire que le clergé possédait, à la fin de l'Ancien Régime, près de la moitié du sol français, et, qu'avant la Révolution, les paysans cultivaient la terre sans la posséder.

Tocqueville, Minzès, Loutchisky, qui ont étudié l'état de la propriété foncière dans diverses parties de l'ancienne France, en Basse-Normandie et en Touraine, dans la Seine-et-Marne et dans le district de Tarascon, ont convaincu cette opinion d'erreur. L'auteur de cette étude avait pour but d'établir si cette opinion était exacte ou non, au moins en ce qui concernait la Seine-Inférieure, en 1790. Ses conclusions ne diffèrent pas de celles des auteurs précédents.

Ce travail, composé sous la direction de M. J. Flach, professeur au Collège de France, a été présenté comme thèse à l'École des Sciences Politiques pour l'obtention du diplôme de cette école. Il a paru ensuite, mais sans notes ni appareil critique, dans le numéro de septembre-octobre 1901 de la Revue Historique.

L'auteur a pensé qu'on accueillerait volontiers, en Normandie, une édition de ce travail avec l'indication des sources et l'adjonction de quelques tableaux, résumant les calculs sur quoi ont été établies les comparaisons numériques qui remplissent cette étude. L'indication des sources sera une bibliographie toute faite pour ceux qui voudront travailler sur la question des biens nationaux, et les tableaux pourront leur fournir un canevas tout tracé pour des calculs semblables concernant d'autres départements que la Seine-Inférieure, et même, dans ce département, d'autres districts que celui de Caudebec.

L'auteur de ce travail n'a eu, en effet, ni le temps ni l'intention d'étudier en détail la vente des biens nationaux de première (1) et de seconde origine dans toute la Seine-Inférieure. Son but était autre : il n'a voulu qu'établir le rapport de la propriété foncière ecclésiastique non bâtie, à l'ensemble de la propriété foncière non bâtie avant la Révolution, et qu'étudier les conditions de sa vente sous forme de biens nationaux.

Il fallait, pour cela, choisir parmi les districts de la Seine-Inférieure, un district typique à cet égard. Ceux de Rouen et de Montivilliers ont été écartés par principe, parce que les immeubles ecclésiastiques situés dans les villes de Rouen, d'Elbeuf, du Havre et de Montivilliers, risquaient de fausser des calculs qui devaient être établis uniquement sur la propriété foncière non bâtie. Les moyennes de propriété foncière ecclésiastique non bâtie dans les districts de Gournay et de Neufchâtel étaient si inférieures à la moyenne du département, que ces districts ne pouvaient être considérés comme typiques. Les districts de Dieppe, de Cany et de Caudebec, présentaient chacun, sensiblement, la même moyenne, et ces moyennes correspondaient à peu près à la moyenne générale du département.

La présence, dans le district de Caudebec, des deux célèbres abbayes de Jumièges et de Saint-Wandrille, a décidé l'auteur à prendre ce dernier district pour sujet de son analyse : il était intéressant, en effet, de voir quel rôle jouaient, dans la moyenne générale de la propriété foncière non bâtie ecclésiastique, les biens fonciers de ces deux monastères.

Ce travail comprend donc deux parties : l'une concerne le rapport de la propriété foncière du clergé comparée à l'ensemble de la propriété foncière, établi approximativement pour tout le département, et en détail pour le district de Caudebec; la seconde est relative à la vente de la propriété foncière ecclésiastique non bâtie dans ce dernier district.

Les sources de ce travail comprennent :

---

(1) Les biens nationaux de première origine sont les biens ecclésiastiques ceux de seconde origine sont les biens des émigrés.

— VII —

I. — DOCUMENTS INÉDITS. — A. *Les* Rôles des Vingtièmes *(aux archives départementales de la Seine-Inférieure, cotés C. 530-580 environ) qui ont servi à établir le rapport du nombre des cotes ordinaires à celui des cotes ecclésiastiques, en 1790.*

B. *Les* Minutes d'adjudication des ventes des Biens Nationaux *de première origine (mêmes archives, environ soixante registres dont 5 (1) pour le district de Caudebec). C'est la base même de ce travail. Chaque registre est précédé d'un répertoire par ordre alphabétique de communes, donnant dans six colonnes, pour chaque adjudication, la contenance, la désignation, le nom de l'ancien propriétaire, celui du nouvel acquéreur, le prix de l'adjudication, et enfin sa date. Ce répertoire, très bien établi par les soins du conservateur des archives, abrège les recherches et facilite l'exécution des calculs.*

C. *Aux archives nationales, les cartons Q¹ 149 à 164, relatifs aux* Domaines (Biens Nationaux) *renferment; 1° des feuilles d'évaluation de biens nationaux; 2° les feuilles d'estimation d'experts pour les biens nationaux; 3° les cahiers des soumissions des municipalités aux ventes des biens nationaux dans le département de la Seine-Inférieure.*

Le carton S 7.544 (Déclarations ecclésiastiques) ne comprend que quelques déclarations, en petit nombre, faites en vertu de la loi du 18 novembre 1789, par quelques abbayes et monastères du diocèse de Rouen — elles proviennent des ordres les moins importants.

II. — DOCUMENTS IMPRIMÉS. — *Ils sont de deux sortes :* A *Documents concernant les biens nationaux dans toute la France;* B *Documents relatifs aux biens nationaux dans le département de la Seine-Inférieure.*

A (a) *Les lois et décrets concernant les Biens Nationaux, dans le répertoire de Dalloz, au mot Domaine, et dans le Bulletin des Lois; (b) Les discussions parlementaires à l'Assemblée Nationale, dans le Moniteur Universel, plus complet que le recueil des Procès-Verbaux de l'Assemblée Nationale.*

(1) *Le 1ᵉʳ va du 17 décembre 1790 au 9 novembre 1792; le 2ᵉ commence au 1ᵉʳ avril 1791 pour se terminer au 15 février 1793; le 3ᵉ va du 10 mai 1792 au 23 octobre 1793; le 4ᵉ, du 7 mars 1793 au 6 juin 1793; le 5ᵉ enfin, du 18 juin au 6 novembre 1793.*

B Le Procès-Verbal des Séances de l'Assemblée administrative du département de la Seine-Inférieure *(quatre in-4°), tome I, novembre-décembre 1790; tome II, novembre-décembre 1791. Le titre change avec le tome III :* Rapport des travaux du département de la Seine-Inférieure, depuis le 15 décembre 1791 jusqu'au renouvellement en novembre 1792.

Le tome IV est intitulé : Compte de l'administration centrale du département de la Seine-Inférieure, depuis le 1er brumaire an IV, jusqu'à l'organisation du nouveau système administratif, établi par la loi du 28 pluviôse an VIII.

Pour établir la valeur exacte de chaque adjudication, on doit se servir de la collection des tableaux de dépréciation du papier-monnaie dans chaque département (1), en exécution de la loi du 5 messidor an V (un volume in-18, Paris an VI).

(1) *Pour la Seine-Inférieure, voir ce tableau aux appendices.*

LA PROPRIÉTÉ FONCIÈRE DU CLERGÉ

ET

LA VENTE DES BIENS ECCÉSIASTIQUES

La vente des biens nationaux a été laissée dans l'ombre par les grands historiens de la Révolution.

S'ils ont reproduit largement et fidèlement les discussions passionnées auxquelles a donné lieu la loi du 2 novembre 1789[1] qui mit les biens ecclésiastiques à la disposition de la nation, s'ils ont mentionné la loi du 21 décembre de la même année et celle du 9 juillet 1790, qui décidèrent de la vente d'abord de 400 millions de biens nationaux, puis de la vente totale de ces biens, ils ont malheureusement passé sous silence la vente elle-même, les conditions dans lesquelles elle s'est accomplie et les résultats qu'elle a donnés.

Il semble à les lire que l'histoire de la Révolution ne consiste que dans les guerres extérieures et civiles, dans les faits et gestes des assemblées, des clubs et de la commune. Pourtant des derniers mois de 1790 à la fin de 1795, la vente des biens nationaux se poursuivait dans toute la France et dans les provinces assez heureuses pour n'être le théâtre ni de la guerre étrangère ni de la guerre civile, elle fut le principal événement politique de cette période. Elle est restée avec la conquête de l'égalité civile et des libertés politiques le grand point acquis de la Révolution, et jusqu'en 1830 elle a tenu autant de place que ces dernières dans les

[1] Voir aux appendices la liste chronologique des lois et arrêts concernant les biens nationaux.

préoccupations de la nation. Dans les diverses constitutions qui pendant quarante ans se succédèrent en France de 1791 à 1830, l'irrévocabilité de la vente des biens nationaux fut proclamée et assurée par un article spécial.

Son importance dans l'histoire politique de la Révolution ne laisse aucun doute; il conviendrait donc de l'étudier sérieusement et profondément pour pouvoir porter enfin sur sa cause, son exécution et ses résultats un jugement définitif et impartial.

Nous voudrions y contribuer en étudiant dans un département normand, la Seine-Inférieure, et spécialement dans ce qui fut de 1790 à 1800 le district de Caudebec, l'état de la propriété foncière ecclésiastique à la veille de la Révolution et la vente de cette propriété sous la forme de biens nationaux. En rapprochant les conclusions de ce travail de celles auxquelles ont abouti Minzès dans son étude sur la vente des biens nationaux en Seine-et-Marne, et Loutchisky qui l'a étudiée dans le district de Tarascon, peut-être pourra-t-on entrevoir les conditions qui ont généralement présidé à cette vente et les résultats qu'elle a donnés.

I

Il y avait encore en 1789 (l'édit d'Août 1787 n'ayant pas été maintenu) deux sortes de propriétaires fonciers, les privilégiés (nobles et clergé sous toutes ses formes) qui ne payaient pas l'impôt foncier, les roturiers (bourgeois et paysans) qui, au contraire, y étaient soumis. Il y avait donc une propriété foncière exempte d'impôt et une propriété foncière payant l'impôt des vingtièmes (1/10e du revenu).

Quel était en France, à la veille de la Révolution, le nombre des propriétaires fonciers qui n'étaient pas soumis à l'impôt, et quelle était l'étendue des propriétés foncières non grevées ?

A ces deux questions, on a répondu par des hypothèses hasardées et sans bases précises.

« Sieyès comptait en France 80.000 ecclésiastiques et 110.000 nobles; Target adoptait des chiffres cinq fois plus forts, 400.000 pour le clergé, 500,000 pour la noblesse. L'évaluation de Lavoisier était au contraire inférieure de un quart à celle de Sieyès : il ne croyait pas qu'il y eut beaucoup plus de 80,000 nobles. Rabaut Saint-Etienne admettait 200,000 ecclésiastiques et Mounier 500,000 ou

600,000 privilégiés des deux premiers ordres. Le sixième bureau de l'assemblée des Notables à la fin de 1788 avait prétendu que le Tiers n'était que dix fois plus nombreux que les deux autres Ordres ensemble.

Ces diverses hypothèses n'ont pas plus de valeur les unes que les autres et Sieyès nous avoue, en donnant les siennes, qu'il ignore « comme tout le monde » le rapport des Ordres entre eux.

Sous toutes réserves, le mieux est de s'en tenir à l'opinion de Mounier, qui tient la moyenne entre les diverses évaluations rapportées plus haut et estime à 500,000 le nombre des privilégiés.

Ce chiffre représente le cinquantième de la population française, évaluée généralement pour 1789 à 25,000,000 d'habitants environ.

Les différentes évaluations de la superficie de la propriété foncière des privilégiés sont encore plus discordantes.

La propriété foncière du seul clergé couvrait, au dire de différents auteurs, soit la moitié, soit le tiers, soit le cinquième, voire le dixième du sol français; malheureusement, ces estimations ou proviennent de témoins suspects et partiaux (Talleyrand par exemple), ou sont le résultat de généralisations abusives.

Le mieux est de n'en pas tenir compte. Seule l'étude détaillée de la vente des biens nationaux permettra de la résoudre; nous allons tenter de le faire pour la Seine-Inférieure.

La superficie de ce département était estimée en 1790 à 357 lieues carrées, soit 571,200 hectares et sa population à 600,000 âmes.

Quelle y était alors la superficie et la valeur des biens ecclésiastiques ?

Le nombre des articles ecclésiastiques inscrits aux vingtièmes pour 1790, comparé à celui des articles roturiers soumis à l'impôt avant la Révolution, donne dans les onze cantons suivants les rapports que voici :

Cantons		Arrondissements
Montivilliers	$\frac{9.25}{100}$	
Fécamp	$\frac{13.45}{100}$	Le Havre. $\frac{9.65}{100}$
Criquetot	$\frac{6.30}{100}$	

Cantons		Arrondissements
Yerville	$\frac{13.17}{100}$	
Caudebec	$\frac{10.23}{100}$	YVETOT.
Yvetot	$\frac{4.30}{100}$	$\frac{9.19}{100}$
Saint-Valery	$\frac{12}{100}$	
Tôtes	$\frac{12.51}{100}$	DIEPPE.
Eu	$\frac{5.14}{100}$	$\frac{8.83}{100}$
Neufchâtel	$\frac{3.46}{100}$	NEUFCHATEL.
Saint-Saens	$\frac{6.26}{100}$	$\frac{4.83}{100}$
Grand-Couronne	$\frac{4.10}{100}$	ROUEN.
soit au total pour les 11 cantons, le rapport		$\frac{9.13}{100}$

ce qui représente 8.30 0/0 du nombre total des cotes foncières de vingtièmes prévues pour 1790.

Le calcul des superficies occupées dans le district de Caudebec par la propriété foncière ecclésiastique non bâtie donne un pourcentage inférieur à celui du nombre des cotes foncières de même nature : 5.10 0/0 (superficie du district de Caudebec, 44 lieues carrées environ, soit environ 70,400 hectares, superficie de la propriété foncière ecclésiastique non bâtie, 3,600 hectares).

La différence de 8.30 0/0 à 5.10 0/0 s'explique facilement : 1° Les cotes foncières que nous avons étudiées en premier lieu comprennent à la fois et la propriété bâtie et la propriété non-bâtie alors que le calcul des superficies porte uniquement sur la seconde. C'est là la principale raison de la différence constatée. Cette différence tient aussi au fait que la propriété foncière ecclésiastique, bien loin d'être agglomérée par grandes masses, comme le laisse supposer de prime abord l'idée de la grande propriété, était morcelée en un très grand nombre de petites parcelles réparties çà et là dans toutes les paroisses.

Sur 136 communes composant le district de Caudebec, il y avait des biens fonciers ecclésiastiques dans 130 (1).

3,601 (2) hectares, telle était la superficie totale des biens fonciers ecclésiastiques dans le district de Caudebec, soit 5.10 0/0 de superficie (3).

Le nombre des ecclésiastiques étant d'environ un 1 pour 100 de la population du district (150 sur 90,000 habitants), il s' ? (5.10 × 0.50) que chaque ecclésiastique possédât plus de deux et demi de biens fonciers que la moyenne des habitants. Comment expliquer alors que tant de membres du bas clergé aient si facilement voté la vente des biens ecclésiastiques ?

C'est qu'il faut distinguer plusieurs sortes de biens ecclésiastiques; séparer nettement les biens du clergé régulier de ceux du clergé séculier, et, dans ces derniers, ne pas confondre les biens des fabriques, des chapelles et des confrairies avec les bénéfices de cures et de vicariats. Ceux-ci seuls servaient à l'entretien des ministres du culte.

Les biens du clergé régulier étaient plus importants de beaucoup que ceux du clergé séculier.

Sur 3,600 hectares de biens ecclésiastiques, le clergé régulier possédait 2,030 hectares, 56.20 0/0 (4). Les deux abbayes de Saint-Wandrille et de Jumièges, les principales du district, il est vrai, tenaient à elles seules 1,226 hectares, la première 643, la seconde 583. Les revenus de ces 1,226 hectares allaient à une trentaine de religieux au plus et à deux abbés commendataires.

(1) Les six communes ne possédant aucune propriété foncière ecclésiastique non bâtie étaient : Bellefosse, Le Vaurouy, Villers-Écalles, Rouville, Sainte-Gertrude et Saint-Clair-sur-les-Monts.
Sur 130 communes possédant des propriétés foncières ecclésiastiques non bâties : 4 en possédaient de 0 à 1 hectare, 35 de 1 à 5 h., 22 de 5 à 10 h., 35 de 10 à 25 h., 13 de 25 à 50 h., 16 de 50 à 100 h., 4 de 100 à 200 h., 3 de 200 à 370 h.
Les communes possédant plus de 100 hectares étaient : Limésy, 108; Belleville, 151; Bolbec, 164; Duclair, 173; Petitville, 220; Saint-Wandrille, 211; Jumièges, 243. Voir l'appendice n° 2.

(2) Les anciennes mesures : Acre = 0 hect. 6675. — Vergée = 0 hect. 2041. — Perche = 0 hect. 0051. — L'Acre = 2 vergées 706/1000 de vergée = 160 perches. — La Vergée = 40 perches.

(3) Appendice n° 3.

(4) Détail de la propriété foncière non bâtie du clergé régulier dans le district de Caudebec. Tableau appendice n° 4.

Il ne restait que 1,571 hectares de biens ecclésiastiques séculiers, soit 43.80 0/0 du total de la propriété foncière ecclésiastique.

Sur ces 1,571 hectares, 682, soit 42.44 0/0, appartenaient aux chapelles ou aux confrairies; 576 hectares, 36.66 0/0, étaient la propriété de 108 fabriques; 313 hectares enfin, soit seulement 19.90 0/0, étaient bénéfices de cures ou de vicariats. Cela ne représentait qu'une moyenne de 3 hectares 29 par cure et encore n'y avait-il que 95 cures, sur 150 paroisses, qui possédassent des biens fonciers.

Les ministres du culte n'occupaient que 8.69 0/0 du total de la propriété foncière ecclésiastique et leur part, comparée à celle du clergé régulier, était dans le rapport de 15 et demi à 100.

Quoi d'étonnant si un certain nombre de leurs représentants à l'Assemblée constituante votèrent la vente des biens du clergé et abandonnèrent de bon gré, contre la promesse d'un presbytère et d'un traitement fixe de 1,200 livres au minimum, leur portion congrue et les revenus aléatoires de la dîme.

Les biens fonciers ecclésiastiques ne couvraient en somme que 6 0/0 au maximum de la superficie du district de Caudebec.

Il y a loin de cette modeste réalité aux calculs fantaisistes, qui attribuaient au clergé le quart et parfois la moitié du sol français.

Mais la comparaison des revenus fonciers du clergé aux revenus des terres roturières donne une idée plus exacte de la richesse foncière que la comparaison des superficies occupées et fait ressortir une plus-value à l'avantage du clergé.

Cette plus-value ne tient pas à une supériorité dans la qualité des terres occupées par le clergé, mais uniquement aux exemptions de charges et d'impôts dont celui-ci bénéficiait. Le revenu d'une terre augmentait ou baissait de 15, 20 ou 25 0/0 suivant que cette terre passait des mains de roturier aux mains du clergé ou inversement. Dans le premier cas en effet elle cessait de devoir les vingtièmes (10 0/0 du revenu) et la dîme (valeur variable 10 0/0 au maximum) auxquels dans le second cas elle redevenait assujettie.

Aussi la proportion des revenus fonciers ecclésiastiques au reste des revenus fonciers donne-t-elle un pourcentage double de la proportion des superficies.

Dans la paroisse de Bacqueville, la superficie des biens ecclésiastiques était à celle des autres terres comme 8.25 est à 100

(188 acres contre 1,091), et la proportion des revenus fonciers comme 16.45 est à 100 (6,925 livres contre 42,000).

Dans la paroisse de Fresles (canton de Neufchâtel) les revenus fonciers ecclésiastiques étaient aux autres revenus fonciers comme 8,100, et, dans ce même canton, le nombre d'articles fonciers ecclésiastiques n'était que de 3.16 0/0 du total.

Le reste de la propriété foncière, c'est-à-dire la plus grande partie, était aux mains des nobles, des bourgeois et des paysans, mais dans quelle proportion pour chacune de ces trois classes ? Pour les nobles exempts, on peut l'établir, mais bourgeois et paysans paraissent avoir été confondus ensemble sur les rôles de vingtièmes.

Suivant la méthode indiquée par Loutchisky, dans sa brochure sur la *Petite Propriété en France avant la Révolution et la vente des biens nationaux*, p. 41, note, rien ne serait plus simple que de distinguer les bourgeois des paysans : « *Les membres des familles bourgeoises ajoutaient à leur nom le titre de sieur, sous lequel ils étaient inscrits dans les cadastres et dans les procès-verbaux des ventes. Pour les paysans, les ouvriers des villages, les artisans, etc., leurs noms et prénoms suffisaient sans aucun titre...* » Il suffirait donc d'indiquer comme bourgeois tous les propriétaires qui, sur les rôles des vingtièmes, ont leurs noms et prénoms précédés du titre de sieur et comme appartenant à la classe des paysans, ouvriers de village, artisans, ceux dont le nom n'est précédé d'aucun titre.

Cette division des propriétaires bourgeois et paysans, d'après l'adjonction ou la non adjonction du titre de sieur sur les rôles des vingtièmes, paraît une méthode insuffisamment critique.

Appliquée à trois paroisses de la Seine-Inférieure, Buglise, hameau de la commune de Cauville, canton de Montivilliers ; Bruneval, hameau de la commune de Saint-Jouen, canton de Criquetot ; Bénarville, commune du canton de Goderville, cette méthode donne des résultats assez étranges pour paraître suspecte. A Buglise, sur 26 propriétaires, dont 12 paysans et artisans, 10 ou 11 auraient loué leurs terres, 1 ou 2 seulement les auraient exploitées eux-mêmes ; à Bénarville, sur 23 propriétaires, dont 16 paysans (?) 3 seulement occupaient leurs terres et les exploitaient, les autres louaient ; à Bruneval enfin, sur 12 propriétaires, dont 6 paysans (?) 2 seulement, Pierre Hauville et un sieur Georges Franchard faisaient valoir eux-mêmes. Ainsi donc sur 34 soi-disant paysans, 6 ou 7 seulement exploitaient eux-mêmes leurs propriétés et 27 ou 28 les louaient. Encore parmi ces 7 exploitants rencontre-t-on un sieur, c'est-à-dire, suivant la méthode de critique employée par Loutchisky, un bourgeois. N'est-ce pas une méthode suspecte que celle qui mène à de si étranges conclusions ?

Il se peut que tous les individus qui « ajoutaient à leur nom le titre de sieur » fussent des bourgeois, mais parmi ceux qui, sur les rôles de vingtièmes, ne portent pas ce titre, n'y en avait-il pas également beaucoup d'autres ?

Un fait certain ressort pourtant de l'étude de la propriété foncière dans les trois paroisses ci-dessus, le grand nombre de propriétés louées ou affermées, et, comme corollaire, le petit nombre de propriétaires exploitant eux-mêmes : Sur les 90 parcelles inscrites aux vingtièmes pour ces trois paroisses, 83 ou 84 étaient louées ou affermées, et sur 91 propriétaires, 6 ou 7 exploitaient eux-mêmes leurs terres.

II

Rien à la veille de la Révolution ne pouvait faire prévoir la vente des biens du clergé.

Sur les 900 cahiers remis aux députés des Etats-Généraux, il n'y en avait qu'un nombre infime qui réclamassent cette vente.

Dans la région qui devait être un peu plus tard la Seine-Inférieure, il n'y en avait pas un seul. Le clergé était considéré dans la masse de la nation comme un propriétaire ordinaire dont les droits n'étaient pas plus discutables que ceux de n'importe quel particulier.

Ce que le pays n'avait pas demandé, ses élus l'exécutèrent : sept mois après la convocation des Etats-Généraux, l'Assemblée Constituante mettait les biens du clergé à la disposition de la nation.

Deux arguments avaient décidé du vote de l'Assemblée : un argument financier, la nécessité de trouver des ressources extraordinaires pour combler le déficit du trésor et surtout un argument politique, le désir, en confisquant les biens du clergé, de lui enlever tout pouvoir politique. Les discours qui décidèrent du vote de la loi et certains articles insérés dans la loi même, ne laissent aucun doute sur ce point.

Les embarras du trésor furent le prétexte, l'occasion de cette vente, ils n'en furent pas la raison. Le clergé, par la bouche de son président, l'archevêque d'Aix, avait proposé les 400 millions nécessaires pour faire face au déficit du trésor, on repoussa cette offre et l'on s'attaqua au principe même de la propriété ecclésiastique. Mirabeau et Thouret entre autres soutinrent que le clergé n'était pas propriétaire mais usufruitier ; la propriété appartenait à l'État, toujours libre de reprendre ses droits de propriétaire, à condition de subventionner les ministres du culte. Maury répliqua brillamment, mais le siège de la majorité était fait.

Dès la fin d'août 1789, les ci-devant privilégiés qui, pendant la nuit du 4 août avaient spontanément sacrifié leurs privilèges, laissaient paraître certains regrets, et donnaient à entendre que s'ils cédaient pour un moment à la force du courant égalitaire qui emportait tout, ils n'avaient pas perdu tout espoir de se voir réintégrer plus tard dans leurs privilèges. Pour ôter cette espérance tout au moins au clergé, il fallait lui enlever la base de son pouvoir politique en confisquant ses propriétés. Ce fut le motif de la loi du 2 novembre 1789.

Mirabeau, à qui l'on faisait remarquer la difficulté de trouver des acquéreurs pour les biens nationaux, aurait répondu : « Que nous importe, si on ne les achète pas, nous les donnerons. » Exact ou non, ce mot traduit parfaitement la pensée de ceux qui avaient décidé la vente des biens ecclésiastiques ; ils voulaient les supprimer à tout prix.

Et la raison de cette vente était si bien une raison politique que les assemblées administratives des départements le reconnaissent elles-mêmes hautement. Le 22 novembre 1790 (1) le comité des biens nationaux faisait rejeter par celle de la Seine-Inférieure une soumission générale aux biens de l'abbaye de Bellozane (district de Gournay), en s'appuyant sur des considérants politiques : « La Constitution française, encore dans son berceau, disait le comité, repose essentiellement sur la vente des biens nationaux. Il faut qu'elle se fasse et qu'elle se fasse sans retour. Or, elle se fera sans retour si vous y intéressez beaucoup d'individus. L'intérêt plus divisé devient plus général et ce sera cet

---

(1) Voir les procès-verbaux imprimés des séances de l'assemblée administrative du département de la Seine-Inférieure. Tome I.

intérêt général qui rendra inutile tous les efforts du clergé pour rentrer dans les biens qu'il n'a jamais dû posséder. »

La loi du 2 novembre 1789 fut votée à 300 voix de majorité. Une partie du bas clergé avait voté la loi. L'article 2 portait : « Dans les dispositions à faire pour subvenir à l'entretien des ministres de la religion, il ne pourra être assuré à la dotation d'aucune cure moins de 1,200 livres par année, non compris le logement et les jardins en dépendances. » Un grand nombre de curés, qui ne connaissaient dans leurs paroisses, comme biens ecclésiastiques, que les propriétés et les terres de la plus proche abbaye, et qui végétaient réduits à la portion congrue, estimèrent plus honorable la situation que leur faisait la nouvelle loi et préférèrent accepter 1,200 livres de l'État que de disputer à leurs paroissiens une dîme qui les empêchait tout juste de mourir de faim, et ils votèrent la mise des biens ecclésiastiques à la disposition de la nation.

La loi du 21 décembre de la même année, en créant une caisse de l'extraordinaire, décida en principe la vente des domaines de la couronne et de biens ecclésiastiques pour 400 millions.

Mais comment exécuter cette vente ? S'adresser directement au public, c'était courir le risque d'échouer. Effrayés par les menaces du haut clergé et, dans certaines contrées, du bas clergé lui-même, les particuliers n'oseraient sans doute se présenter aux ventes. Pour rassurer les acquéreurs contre les dangers possibles que pourrait leur faire courir une contre-révolution, on eut l'idée d'interposer entre eux et l'État des corps anonymes, les municipalités, auxquelles seules ils auraient affaires ; ce fut l'objet de la loi du 24 mars 1790 qui ordonna l'aliénation aux municipalités de 400 millions de biens nationaux, dont la vente avait été décidée en principe trois mois auparavant.

Les municipalités soumissionnèrent à l'envi, tant et si bien que le 9 juillet suivant l'Assemblée vota l'aliénation de tous les domaines nationaux. Mais, pour prévenir toute tentation de spéculation de la part des municipalités, la loi portait qu'elles étaient tenues d'aliéner elles-mêmes aux particuliers dès que sur une propriété particulière elles recevaient de la part du public une soumission au moins égale à celle qu'elles avaient faites elles-mêmes. Pour empêcher que quelque fidéicommis n'achetât en bloc tous les biens d'une abbaye ou d'un couvent et ne les rendît plus tard aux religieux qui les avaient possédés, la loi portait qu'à offre égale les soumissions particulières seraient préférées aux soumissions totales. Les législateurs avaient pris toutes les dispositions nécessaires à la vente effective et au partage définitif des biens ecclésiastiques.

Dans la Seine-Inférieure, la vente commença pendant le dernier mois de 1790 et dura jusqu'au 1er vendémiaire an IV (6 novembre 1795), date à partir de laquelle le restant des biens nationaux servit de garantie aux porteurs de mandats territoriaux. A la première réunion de l'Assemblée administrative du département, le 3 novembre 1790, le président, M. d'Herbouville, mentionnait aux membres des attributions de cette assemblée celle de « faciliter la vente des biens nationaux. »

Le procureur général, syndic du directoire départemental et les membres de la commission chargée par l'assemblée administrative de tout ce qui concernait les biens nationaux, considéraient comme une œuvre très importante la part qu'ils devaient prendre à la liquidation des biens nationaux.

Dès le commencement de novembre, toutes les opérations préparatoires étaient en activité et le procureur général syndic annonçait « sous peu de jours » la réception des enchères qui devaient précéder l'adjudication des biens. Dès le 6 novembre, l'Assemblée constituante rendait les premiers décrets autorisant les soumissions des municipalités. Jusqu'au 15 mai 1791 trente-sept décrets autorisèrent pour la Seine-Inférieure un nombre égal de soumissions. Dix-huit de ces soumissions furent passées au compte de la municipalité de Rouen, portant sur un total de 21,400,000 livres en assignats, soit 19,030,000 livres, valeur réelle (1).

Le Havre (2) soumissionnait en une fois pour 2,515,169 livres en assignats ; Dieppe, en deux fois, pour 1,330,052 livres assignats : au total, pour ces trois municipalités, 25,246,121 livres. Seize autres municipalités du département avaient soumissionné pour une somme totale de 5,018,975 livres assignats.

(1) La valeur des assignats, établie d'après la *Collection des tableaux de dépréciation du papier-monnaie dans chaque département, en exécution de la loi du 5 Messidor an V*. 1 vol. in-18, Paris, an VI. — Voir pour la Seine-Inférieure appendice n° 5.

(2) Voir aux appendices le tableau donnant par ordre chronologique la liste des soumissions des municipalités de la Seine-Inférieure et le montant de chaque soumission. Appendice n° 6.

Dans un rapport du 15 novembre 1791 à l'Assemblée administrative du département de la Seine-Inférieure, le procureur général syndic évaluait la totalité des biens nationaux du département « d'après les estimations comparées aux ventes déjà faites » à 57,702,023 livres. Au 31 octobre 1791, il en avait déjà été vendu pour 32,808,951 livres, dont 30,295,069 livres aux municipalités et 2,513,853 livres aux particuliers, en vertu de la loi du 20 août 1790 autorisant la vente directe sans l'interposition des municipalités. Du 31 octobre 1791 à la fin de la vente, les particuliers acquirent pour 37,408,770 livres assignats. La vente des biens nationaux produisit au total, dans notre département, 70,217,731 livres assignats, ce qui ne représente que 43,006,000 en argent, étant donné la dépréciation du papier monnaie.

Financièrement, la vente des biens nationaux fut une opération manquée, et, malgré les immenses ressources qu'elle procura au Trésor, la Révolution n'en aboutit pas moins à une « hideuse banqueroute ». En tant que mesure politique, elle eut un plein succès, s'accomplit parfaitement et fut définitive. Mais, ainsi qu'on l'a si souvent répété, a-t-elle fondé en France la petite propriété ?

Pas dans le district de Caudebec au moins, et cela pour deux raisons : parce que, comme nous l'avons vu, la propriété ecclésiastique y tenait peu de place, et que, comme nous l'allons voir, les biens nationaux tombèrent en majeure partie aux mains de bourgeois déjà propriétaires fonciers.

Un coup d'œil superficiel laisserait croire que la vente avait donné naissance à un grand nombre de petites propriétés, et que le vœu de l'Assemblée Constituante s'était réalisé.

Les 3.650 hectares de biens ecclésiastiques du district de Caudebec firent, en effet, l'objet de 900 adjudications, auxquelles prirent part 462 acheteurs, ce qui présente une moyenne de 4 hectares par adjudication, de 2 adjudications et de 7 hectares 70 par acquéreur (1). Mais une analyse de la vente des biens ecclésiastiques montre combien sont factices ces moyennes grossières.

Sur 900 adjudications, 60 à peine furent d'une tenure sensiblement égale à la moyenne générale de 4 hectares. On en trouve de moins de 51 centiares (une perche) ; une atteignit 215 hectares (330 acres), 3 propriétés de plus de 100 hectares, 22 de plus de 50 hectares, furent vendues sans être morcelées.

(1) Voir aux appendices le tableau-appendice n° 7.

Ces 26 adjudications, soit 2.83 0/0 du total des adjudications, comprenaient 1.610 hectares, soit 44.70 0/0 de la superficie totale des terres vendues, et contenaient en moyenne 62 hectares.

Les 874 adjudications restantes, soit 97.22 0/0, se partageaient 2.020 hectares, soit 55.30 0/0 de la superficie totale, ce qui ne donne plus qu'une moyenne de 2 hectares 08 pour la presque totalité des adjudications, soit près de moitié moins de la moyenne générale. Encore y avait-il une vingtaine d'adjudications de 10 à 20 hectares et une soixantaine de 10 à 4 hectares.

730 adjudications environ comprenaient de 1 à 4 hectares (la majorité d'entre elles avaient une superficie allant de 1 à 2 hectares); cinquante adjudications n'atteignaient pas un hectare.

La moyenne de 2 adjudications par acquéreur est tout aussi factice que celle de 4 hectares par adjudication. Un cinquième à peine des acquéreurs, 19.40 0/0, prit part exactement à 2 adjudications.

Plus de 57 0/0 des acquéreurs (264 sur 462) n'ont pris part qu'à une adjudication; 135, 29 0/0, ont pris part à 2 ou 3 adjudications; 52 acquéreurs, 11 0/0, à un nombre d'adjudications allant de 4 à 9; 11 acquéreurs, 2.30 0/0, à 10 adjudications et plus, en moyenne à 17, et 3 acquéreurs, sur ces 11, ont pris part respectivement, l'un à 24, l'un à 27, l'un même à 40 adjudications.

Les 57 0/0 des acquéreurs, qui n'ont acheté qu'une fois ont absorbé 29 0/0 du total des adjudications. Les 135 acquéreurs, 29 0/0, qui ont acquis 2 ou 3 fois, 35 0/0 des adjudications. Les 52, 11 0/0, qui ont acquis des 4 à 9 fois, 20 0/0; les 11 plus gros acheteurs enfin, 2.30 0/0, qui ont acquis 10 fois et plus, près de 16 0/0 des adjudications.

Les adjudications ayant été d'importance si différente, et le nombre d'adjudications par tête d'acquéreur aussi variable, les superficies acquises par chacun des acheteurs ne pouvaient être que fort inégales. La moyenne de 7 hectares 70 par tête d'acquéreur était donc elle aussi purement fictive.

28 des acquéreurs, 6.06 0/0 du nombre total, avaient acheté chacun plus de 30 hectares de terre; ils se partagèrent 1.904 hectares, soit 52.45 0/0 de la superficie vendue, ce qui représentait 68 hectares par tête d'acquéreur. Encore, sur ces 28 acquéreurs, 19 n'atteignaient pas à cette moyenne de 68 hectares, et 9 le dépassaient avec une moyenne de près de 105 hectares et demi par tête. Le plus gros acquéreur avait acheté 215 hectares; les trois

suivants, de 100 à 110 hectares. Les 431 autres acquéreurs, soit 97.22 0/0, se partageaient seulement 1.726 hectares, soit 47.55 de la superficie, ils n'avaient plus en moyenne que 3 hectares 97 par tête ; encore ce chiffre doit-il être abaissé à moins encore pour 400 d'entre eux.

Une vingtaine d'acquéreurs, en effet, sur ces 431, avaient acquis chacun de 10 à 30 hectares en moyenne 17. 411 acquéreurs n'avaient donc plus en moyenne par tête que 3 hectares 30, pas même la moitié de la moyenne théorique. Une trentaine n'atteignait pas 1 hectare. Les 3/5 des acquéreurs environ avaient acquis en moyenne de 2 à 5 hectares.

On voit combien fut inégale la répartition des biens nationaux entre les acquéreurs.

Un dixième des acquéreurs avait absorbé les 3/5 des terres mises en vente, les 9/10 s'étaient disputé les 2/5 restant.

Dans un district de 90.000 habitants et de 18.000 hectares, peut-on dire que la petite propriété a été fondée par la vente et le partage de 1.375 hectares entre 370 individus ?

Encore une bonne partie des terres tomba-t-elle aux mains de la bourgeoisie. Sur 51 acquéreurs pris au hasard, 30, c'est-à-dire plus de moitié, étaient des citadins, 11 Rouennais, 13 Caudebecais, 2 Bolbecais, 1 Parisien, 1 Yvetolais, 1 habitant de Lillebonne et 1 habitant de Darnétal.

Les 26 autres acquéreurs habitaient des villages ou des bourgs du département de la Seine-Inférieure, presque tous même du district de Caudebec.

Sur les procès-verbaux de vente, mention est toujours faite du domicile de l'acquéreur, mais sa profession est rarement indiquée.

Sur 56 acquéreurs pris pour épreuve, elle n'est indiquée que pour 21 : 2 « marchands laboureurs », 5 « marchands », 2 « négociants », 1 « marchand de cidre tenant hôtel garni à Paris », 1 « marchand tanneur », 1 « marchand bourrelier », 1 tourneur, 1 juge de paix, 2 hommes de loi, 1 banquier, 1 essayeur de monnaie, 1 menuisier, 1 fabricant, 1 « apothicaire », 1 « bourgeois ».

Si l'on compare non plus le nombre des acquéreurs de la classe bourgeoise et de la classe paysanne, mais l'importance de leurs acquisitions respectives, on voit grandir encore davantage le rôle de la première.

Sur les 28 acquéreurs (1) qui ont acheté 52 0/0 de la superficie totale des biens nationaux, 21 appartenaient à la bourgeoisie. Sur 20 autres acquéreurs pris au hasard, 9 en font également partie.

Les bourgeois, on le voit, ont tenu une grande place parmi les acquéreurs de biens nationaux, mais c'est à tort qu'on les accuserait d'avoir formé dans le district de Caudebec quelques-unes de ces légendaires « bandes noires » d'accapareurs (2).

Un dixième seulement des adjudications, 93 sur 900, fut acquis par des syndicats d'acheteurs. Ces acheteurs, au nombre de 160, étaient 116 personnes différentes et n'acquirent en tout que 643 hectares, ce qui ne représente qu'une superficie de 6 hectares 90 par adjudication et de 5 hectares 1/2 par tête d'acquéreur ; il n'y a là rien d'exagéré (3). Ce dernier chiffre est même inférieur à la moyenne générale de superficie par acheteur.

L'importance des acquisitions de la bourgeoisie n'a pas son origine dans un accaparement ; elle s'explique simplement par les conditions sociales et économiques de l'époque où se fit la vente et par la nature même des biens qui furent vendus.

Le morcellement n'eut pas lieu d'abord avec toute la rigueur qu'avait souhaitée l'Assemblée constituante. Certaines grandes fermes et de grandes propriétés abbatiales ne purent être morcelées ; d'autre part beaucoup de paysans, quoique fort désireux d'acquérir, n'osaient le faire par crainte d'une contre-révolution et n'avaient pas pour la plupart des capitaux disponibles en quantité suffisante. Dans la bourgeoisie l'on trouvait moins de scrupules et plus d'argent, l'on acheta plus de terres et des terres plus importantes, surtout durant les deux premières années.

A partir de 1793, sur les votes réitérés de la Convention, la vente s'opéra par parcelles, et les grosses adjudications assez nom-

---

(1) Voir aux appendices le tableau-appendice n° 8.

(2) Il y eut si peu de bandes noires, que sur 93 lots acquis par des syndicats d'acquéreurs : 1 lot seulement fut acquis par 6 personnes. — 2 lots par 5 personnes. — 9 lots par 4 personnes. — 16 lots par 3 personnes. — 65 lots par 2 personnes.
Le lot acquis par 6 personnes ne représentait que 1 hect. 79 ares par tête!

(3) Sur 116 personnes qui ont formé des syndicats d'acquéreurs pour l'acquisition des biens d'origine ecclésiastique dans le district de Caudebec : 11 n'ont acheté qu'une fois. — 31 n'ont acheté que 2 ou 3 fois. — 29 ont acheté de 4 à 9 fois. — 11 seulement font partie de la catégorie des acheteurs qui ont acquis 10 fois et plus.

breuses de 1790 à 1793, diminuent de 1793 à 1795; et même de juin à novembre de cette dernière année on n'en rencontre plus une seule.

III

Tocqueville, étudiant la vente des biens nationaux, avait constaté que la plupart des terres ecclésiastiques avaient été achetées « par des gens qui en possédaient déjà », de sorte, concluait-il « que le nombre des propriétaires s'est bien moins accru qu'on ne l'imagine ». Et il ajoutait : « L'extrême division de la propriété est un fait bien antérieur à la Révolution française ».

Dans le département de Seine-et-Marne, les constatations de Minzès sont identiques : les acquéreurs étaient en grande partie des bourgeois, commerçants, industriels, banquiers, avocats, hommes de loi, et à tout prendre la vente des biens nationaux n'avait pas sensiblement modifié la répartition de la propriété foncière.

L'étude de la vente des propriétés foncières ecclésiastiques dans le district de Caudebec conduit aux mêmes conclusions. Ces biens ne comprenaient que 6 0/0 de la superficie, c'était peu, et à côté d'eux la propriété individuelle avait le champ large.

La vente des biens nationaux n'eut d'autre résultat que de les faire tomber en majeure partie aux mains de la bourgeoisie déjà riche de terres; elle permit aussi à quelques gros cultivateurs de devenir propriétaires des fermes qu'auparavant ils louaient et à quelques artisans de villages et de bourgs d'acheter un petit champ ou une « masure ».

La propriété ecclésiastique n'était plus, c'est vrai; mais les terres possédées respectivement par les bourgeois, par les paysans et par les artisans étaient restées dans un rapport proportionnel sensiblement le même qu'avant la vente.

APPENDICE N° 1

Liste chronologique des Lois et Arrêts concernant les biens nationaux (1)

1789. *2 Nov. Décret*; *13-18 Nov. Décr.*
     19 *Déc. Décret.*
1790. *17-21 Mars. Décret.*
     17-22 Avril.
     3-9 Mai.
     14-17 Mai.
     27-28 Mai.
     31 *Mai — 3 Juin.*
     28 Juin — 10 Juillet.
     25, 26, 29 Juin — 9 Juillet.
     16-26 Juillet.
     6 *Août.*
     12-20 Août.
     15-29 Août.
     1 Septembre.
     7-14 Octobre.
     15 Octobre.
     23 Octobre — 5 Novembre.
     3-17 Novembre.
     14 Novembre.
     23 Novembre.
     29 Novembre.
     1 Décembre.
     3   »
     5   »
     6 Décembre.
     13 »
     30 »
     31 » *— 5 Janvier 1791.*
1791. 20 Janvier.
     5, 10, 16, 17, 24 Février. — 28
     5, 9, 12, 16, 22 Mars.

1791. *5*, 12, 13, 14, *19*, 27 Avril.
     6, 18 Mai.
     9, 10 Juin.
     1, *3*, 16, *18* Juillet.
     19, 26 Août.
     3, 15, *26*, *28* Septembre.
     3 Novembre.
     8, 28 Décembre.
1792. 9 Février (biens des émigrés).
     17, *25*, 30 Mars.
     25, 30 Avril.
     27 Juin.
     18, *19* Juillet.
     7, 11, 17, 18, 19, 25, 30, 31 Août.
     2, 4, 11, *13*, 14, *19* Septembre.
     17 Novembre.
1793. 2, *8*, 10, 11, 17 Janvier.
     1, 16 Février.
     8, 18, 19, 25 Mars.
     4, 8, *11*, 24, 25 Avril.
     10, 14, 26 Mai.
     5, 6, 10, 30 Juin.
     9, 10, 11, *13*, 17, *18*, 31 Juillet.
     3, 24 Août.
     8, *11*, 13, *24*, 25 Septembre.
An II. 19, 24 Vendémiaire.
     13, 16 Brumaire.
     2, 7, 10, 15, 16, 21, 26 Frimaire.
     4, 9, 14, 23, 29 Nivôse.
     13 Pluviôse.
     11, 19, 22 Ventôse.
     1, 4, 6, 10, 14, 23 Germinal.

(1) Les dates en italiques sont les dates des lois principales.

An II. 21 Floréal.
1, 7, 13, 21, 24 Messidor.
3, 6, 7, 18, 28 Thermidor.
27, 29 Fructidor.

An III. 19, 21 Vendémiaire.
3 Nivôse.
11 Pluviôse.
6, 8, 21, 30 Ventôse.
8, 29 Germinal.
1, 2, 3, 22, 21 Floréal.
8, 10, 12, 13, 19, 27 Prairial.
7, 13, 25 Messidor.
5, 7, 11, 25 Thermidor.
1, 5, 9, 13, 23, 29 Fructidor.
1 complémentaire.

An IV. 7, 10, 15, 27, 29 Vendémiaire.
30 Brumaire.
10, 13, 24 Frimaire.
2 Nivôse.
1 Pluviôse, 11, 17, 19.
28 Ventôse.
7, 26 Germinal.
6, 21 Floréal.
22 Prairial.
11, 19, 21, 25 Messidor.
13, 14, 22 Thermidor.
4, 15, 17, 19, 20, 23 Fructidor.

An V. 25 Vendémiaire.
16, 23 Brumaire.
1 Frimaire.
16, 29 Pluviôse.
2, 12, 17, 30 Ventôse.
9, 21 Germinal.
22 Messidor.
12 Thermidor.
2, 9, 25, 26 Fructidor.

An VI. 9 Vendémiaire.
16, 21 Frimaire.
2, 12, 23, 25, 28 Nivôse.
15, 22 Pluviôse.
5 Ventôse.
8 Prairial.
4 Thermidor.
29 Fructidor.

An VII. 28 Vendémiaire.
11, 27 Brumaire.
1, 3, 22, 25 Frimaire.
1 Nivôse.
16 Floréal.
2 Prairial.
18 Messidor.
18 Thermidor.

An VIII. 11, 13 Brumaire.
11, 16, 22, 23 Frimaire.
3, 5 Nivôse.
13, 23 Pluviôse.
23 Ventôse.
9 Floréal.
7, 17 Thermidor.
13 Fructidor.

An IX. 13, 25 Brumaire.
19 Frimaire.
7, 18 Pluviôse.
4, 30 Ventôse.
9 Floréal.
27 Prairial.
7, 11 Messidor.
9, 17, 19, 29 Fructidor.

An X. 22 Brumaire.
5 Frimaire.
3 Ventôse.
18 Germinal.
15, 16 Floréal.
21 Prairial.
6, 18 Messidor.
1 Fructidor.

An XI. 12 Brumaire.
17, 30 Frimaire.
14, 27 Nivôse.
23 Floréal.
3 Thermidor.

An XII. 21 Pluviôse.
5 Ventôse.
11 Prairial.

An XIII. 18 Nivôse.
18 Pluviôse.
18 Floréal.

APPENDICE N° 2

Les 130 communes du district de Caudebec avec la superficie de la propriété foncière ecclésiastique non bâtie dans chacune d'elle.

Contenant plus de 100 hect. (1).

Jumièges	243
Saint-Wandrille	331
Petitville	220
Duclair	173
Bolbec	164
Belleville	154
Limésy	103

De 50 à 100 hect.

Ecretteville-lès-Baons	85
Saint-Ouen-du-Breuil	85
Sierville	85
Epinay	75
Nointot	73
Les Ifs	70
Yainville	61
Pavilly	60
Pannerville	58
Le Mesnil	58
Ectot-lès-Baons	58
Aulnay	58
Cléville	57
Yerville	55
Grémonville	55

De 25 à 50 hect.

Saussay	49
Etouteville	48
Fauville	43
Saint-Pierre-Lavis	39
Yébleron	36
Raffetot	34
Mesnil-Durécu	34
Louvetot	33
Hattenville	33
Saint-Georges-Gravençon	33
Croixmare	33
Hautot-Saint-Sulpice	26
Hautot-le-Valois	25

De 10 à 25 hect.

Autretot	24
Saint-Martin-aux-Arbres	24
Neuville	23
Ectot-l'Abbé	22
Roquefort	20
Saint-Denis-de-Lillebonne	20
Notre-Dame-de-Bliquetuit	19
Bermonville	19
Yvetot	19
Alouville	19
Cydeville	19
Valliquerville	18
Baons-le-Comte	18
Guerbaville	17
Cliponville	17
Sainte-Marie-des-Champs	16
Bouville	16
Veauville-lès-Baons	15
Villequier	15
Val-Martin	14
Mesnil-sous-Lillebonne	13
Anvronville	13
Grandcamp	12
Goupillières	12
Hourdainville	12

(1) *Les fractions d'hectares ont été négligées.*

— 28 —

Hugleville...	13
Saint-Paër...	13
Foucart...	11
Beuzetot...	11
Caudebec...	11
Notre-Dame-de-Gravençon...	10
Fréville...	10
Barentin...	10
Saint-Nicolas-de-la-Haye...	10

De 5 à 10 hect.

Touffreville-la-Cable...	9
Vatteville...	9
Auberville...	9
Auberbosc...	9
Emanville...	9
Bulot...	9
Saint-Victor-la-Campagne...	9
Bolleville...	8
Gueutteville...	8
Saint-Arnoult...	7
Ricarville...	7
Auzebosc...	7
Anquetierville...	6
Trouville...	6
Bielleville...	6
Alvimare...	6
Touffreville-la-Corteline...	6
Fresquienne...	6
Saint-Étienne-le-Vieux...	6
Guillerville...	5
Equimbosc...	5
Ransfougères...	5

De 1 à 5 hect.

Rançon...	4
Cydetot...	4
Hardouville...	4
Blaqueville...	4
Fresnaye...	4
Auzouville...	4

Maulévrier...	3
Saint-Nicolas-de-Bliquetuit...	3
Mont-d'If...	3
Saint-Sylvestre...	3
Saint-Maurice-d'Ételan...	3
Villers-Chambellan...	3
Saint-Pierre-Varengeville...	3
Lanquetot...	3
Jintot...	3
Le Trait...	3
Notre-Dame-de-Varengeville...	3
Flamanville...	2
Motteville-l'Esneval...	2
Lillebonne...	2
Aliquerville...	2
Sainte-Marguerite...	2
Bébec...	1
Frettemeule...	1
Triquerville...	1
Trinité-du-Mont...	1
Ancretiéville...	1
Carville-Polletierre...	1
Polletierre...	1
Beuzevillette...	1
Grachet...	1
Auzouville...	1
Vertlose...	1
Les Vieux...	1

De 0 à 1 hect.

Saint-Aubin-de-Crétot...	0 h.	81
Ecalles-Alix...	0	77
Sainte-Austreberthe...	0	63
Bois-Himont...	0	49

Ne contenant aucune propriété foncière ecclésiastique non bâtie.

Bellefosse. — Saint-Clair-sur-les-Monts. — Le Vaurouy. — Villers-Ecalles. — Rouville. — Sainte-Gertrude.

APPENDICE N° 3

Sur 3.001 hectares de biens nationaux de première
origine sis dans le district de Caudebec.

Le canton de Duclair comprenait 637ʰ.	Le canton de Lillebonne —	368ʰ.
— Fréville — 473	— Fauville — 350
— Pavilly — 431	— Bolbec — 313
— Motteville — 405	— Valiquerville — 235
— Caudebec — 309	— Yvetot — 19

APPENDICE N° 4

Superficie de la propriété foncière non bâtie appartenant
au clergé régulier dans le district de Caudebec.

	hect. ares		hect. ares
Abbaye de Saint-Wandrille.	643	Report............	1253 61
» Jumièges........	583	Abbaye de Valasse........	13 23
Prieuré du Val-des-Gris...	82 07	Abbaye d'Ouville..........	13 09
Abbaye de Fécamp........	81 76	Chapitre de la cathédrale de Lyon...............	12 48
Séminaire Saint-Vivien (de Rouen)..................	70 37	Collégiale d'Yvetot........	11 35
Prieuré de M^{eaux}-Malades	65 80	Dames d'Ernemont........	6 21
Feuillants (de Rouen).....	65 93	Abbaye de Saint-Ouen.....	5 10
Religieuses de Belfonds (à Rouen)................	60 15	Bernardins d'Yvetot.......	3 81
Abbaye de Tiron..........	50 01	Abbaye St-Étienne de Caen	2 88
Chartreux (de Rouen).....	49 39	Prieuré de Bolbec.........	2 04
Séminaire Saint-Nicaise (de Rouen)................	47 10	Prieuré de Beaulieu.......	1 70
Minimes (de Rouen).......	45 49	Abbaye de Valmont.......	0 97
Abbaye de Boscherville...	41 09	Chartreux de Gaillon......	0 40
Prieuré de Clérville......	33 90	Prieuré de Saint-Martin-de-Fontaine...............	0 30
Religieuses de Caudebec...	19 80	Chanoines de Motteville...	0 30
A reporter........	1253 61	Total.......	2.030

APPENDICE N° 5
SEINE - INFÉRIEURE

*Arrêté de l'Administration centrale du département de la Seine-Inférieure,
qui règle les valeurs successives du papier-monnaie, depuis le 1ᵉʳ Janvier
1791 jusqu'au 6 Thermidor, an IV.*

Du 2 Fructidor, an V de la République.

L'Administration centrale du département de la Seine-Inférieure, procédant en exécution de la loi du 5 Messidor dernier, à la fixation de la valeur du papier-monnaie dans ce département.

En présence des citoyens...... Bellemoy, orfèvre, à Rouen. Après avoir entendu le rapport des Commissions chargées de prendre les renseignements les plus étendus sur le prix des immeubles, des denrées et marchandises, et sur le cours du papier-monnaie dans les places de commerce de ce département.

Après avoir aussi combiné le prix de ces différents objets avec l'extrait des notes tenues à la Trésorerie Nationale, annexé à la loi du 5 Messidor dernier, a établi les deux tableaux suivants :

Tableau du cours des Assignats dans le département de la Seine-Inférieure

(Du 1er Janvier 1791 au 30 Ventôse, an IV).

POUR 100 LIVRES EN ASSIGNATS

Années	Janvier	Février	Mars	Avril	Mai	Juin
1791	94 16 10	94 11 8	93 13 4	93 2 »	90 19 10	90 11 7
1792	77 16 3	71 10 9	66 10 11	68 2 10	67 11 2	65 13 10
1793	56 7 10	57 10 »	57 16 10	52 18 6	55 19 7	46 5 2
1794	44 2 10	45 17 6	45 11 »	44 13 4	48 16 6	45 » »
1795	27 10 11	27 4 2	24 5 5	» » »	» » »	» » »

Années	Juillet	Août	Septembre	Octobre	Novembre	Décembre
1791	91 1 9	86 11 6	87 9 8	87 18 6	85 12 1	81 10 11
1792	68 11 »	68 4 3	73 9 5	72 7 11	73 13 9	70 6 5
1793	39 5 8	34 5 10	36 18 7	38 8 5	37 15 4	46 17 10
1794	46 13 3	41 15 6	37 8 »	38 1 9	35 8 »	29 » »
1795	» » »	» » »	» » »	» » »	» » »	» » »

An III

	Germinal	Floréal	Prairial	Messidor	Thermidor	Fructidor
1	24 2 3	21 1 10	16 6 7	9 9 6	7 15 2	7 12 1
15	20 7 10	16 15 4	13 6 2	8 10 11	3 9 11	7 12 8
30	21 19 6	16 5 2	10 3 1	8 2 5	7 9 1	7 6 9

	Vendémiaire	Brumaire	Frimaire	Nivôse	Pluviôse	Ventôse
1	7 3 5	5 2 6	3 16 »	4 » 5	2 6 9	1 8 9
15	5 19 2	4 9 9	5 1 4	3 3 10	1 12 4	1 6 10
30	5 5 »	3 18 2	4 2 3	2 7 10	1 9 8	1 5 6

Tableau du Cours des Promesses de Mandats dans le Département de la Seine-Inférieure

Depuis le 1er Germinal an IV ou 6 Thermidor suivant, époque de la publication de la loi du 29 Messidor an IV.

POUR 100 LIVRES DE MANDATS

	Germinal	Floréal	Prairial	Messidor	Thermidor
1	40 13 3	25 7 6	20 16 8	8 1 5	1 3 9
15	37 3 10	20 18 4	18 16 8	7 8 7	3 4 2
30	34 9 »	20 15 6	18 5 10	5 5 1	5 4 12 »
					6 5 7 1

APPENDICE N° 6

SOUMISSIONS DES MUNICIPALITÉS

		1790. — Décembre						
							Report...........	11.233.323
1	6	Rouen...........	1.210.420		21	8	Rouen...........	2.583.543
2	16	»	700.500		22	8	»	949.929
3	20	»	1.358.953		23	15	»	1.579.863
4	22	»	621.913				Mars	
5	22	»	1.154.683		24	1	Rouen...........	316.25
6	27	»	578.619		25	21	Le Valasse........	310.206
7	27	»	29.577		26	21	Manoirs du Valasse	612.818
8	27	Tréport..........	214.429		27	24	Le Havre........	2.515.929
9	27	Tôtes............	10.700		28	25	Rouen...........	86.931
10	27	Eu..............	45.935		29	27	»	3.619.003
11	27	Envermeu.......	44.665		30	10	Fécamp.........	445.311
		1791. — Janvier			31	31	Ganzeville.......	79.224
12	1	Rouen...........	813.901				Avril	
13	1	»	102.223		32	10	Dieppe..........	1.307.177
14	8	Neufchâtel.......	90.902				1791. — Mai	
15	11	Rouen...........	3.187.113		33	10	Fréville.........	10.333
16	11	»	722.619		34	10	St-Eustache-la-Forêt	7.900
17	29	Petit-Quevilly...	219.551		35	10	Saint-Romain....	21.905
18	29	Bolbec..........	90.461		36	10	Rouen...........	1.279.852
		Février			37	15	Dieppe..........	62.875
19	8	Saint-Arnoult....	5.422					30.255.029
20	8	Tennemare......	8.685					
			11.233.323					

APPENDICE N° 7

MOYENNE DE LA SUPERFICIE PAR TÊTE D'ACQUÉREUR

Nombre total d'acquéreurs.......... 473
Superficie acquise.................. 3.630 hect.
Moyenne........................... 7 hect. 70 ares par acquéreur.

QUATRE CATÉGORIES D'ACQUÉREURS

1re Catégorie
Acquéreurs ayant pris part à plus de 10 adjudications.

11 acquéreurs — 455 hectares } Moyenne: 41 h. 50
Moyenne des 5 plus forts acquéreurs } 67 hect.
Moyenne des 4 plus faibles : 14 hect.

2e Catégorie
Acquéreurs dont le nombre d'adjudic. va de 4 à 9 inclusivement.

50 acquéreurs environ — 1.050 hectares environ } Moyenne: 20 h. 30
Moyenne des 5 plus forts acquéreurs } 58 hect.
Moyenne des 10 plus faibles : 3 h. 80

3ᵉ CATÉGORIE	4ᵉ CATÉGORIE
Acquéreurs ayant acheté 2 ou 3 fois.	*Acquéreurs n'ayant pris part qu'à une adjudication.*
135 acquéreurs — Moyenne:	264 acquéreurs — Moyenne:
750 hectares environ — 5 h. 50	1.800 hectares environ — 6 h. 80
Moyenne des 5 plus forts acquéreurs — 36 hect.	Moyenne des 5 plus forts acquéreurs — 44 hect.
Moyenne des 10 plus faibles : 91 a. 49 c.	Moyenne des 20 plus faibles : 2 h. 20

APPENDICE N° 8

LISTE PAR ORDRE D'IMPORTANCE DES VINGT-HUIT PLUS GROS ACQUÉREURS

(Acquéreurs de plus de 30 hectares)

avec mention de leur lieu de résidence et de leur profession

N° d'ordre	Noms	Résidence	Profession	Superficies acquises
1	Lebarrois d'Orgeval,	Rouen,		215 hect.
2	Lecoq de Vidame,	Rouen,		140 »
3	Heurtault,	Yvetot,	apothicaire,	115 »
4	Rioult,	Rouen,	banquier,	103 »
5	Justin,	Caudebec,	marchand laboureur,	86 »
6	Veuve Duteurtre,	Ecretteville,	agriculteur,	79 »
7	Beaudouin,	Rouen,	« négotiant »,	74 »
8	Desré,	Rouen,	marchand,	73 »
9	Veuve Barrois,	Bolbec,		70 »
10	Manoury,	St-Clair-sur-les-Monts et à Rouen,	recev' de la manse de St-Wandrille,	67 »
11	Fauquet,	Bolbec,		64 »
12	Olivier,	Rouen,	négociant,	63 »
13	Conard,	Caudebec,		63 »
14	Levacher,	Caudebec,	homme de loi,	62 »
15	Lesain,	Yainville,		60 »
16	Ebran,	Caudebec,	marchand,	56 »
17	Blondel,	Rouen,	« bourgeois »,	53 »
18	Veuve Prier,	Canville,		53 »
19	Vasse,	Rouen,		50 »
20	Delabrière,	Caudebec,		49 »
21	Caron,	Launay,		47 »
22	Fenestre,	Caudebec,		43 »
23	Lemoine,	Caudebec,		38 »
24	Delamotte,	Rouen,		38 »
25	David,	Auzebosc,	marchand laboureur,	37 »
26	Lasnon,	Etouteville,		36 »
27	Delamare,	Etouteville,		33 »
28	Quesnel,	Paris,	marchand hôtelier,	32 »
				1.904 hect.

www.ingramcontent.com/pod-product-compliance
Lightning Source LLC
Chambersburg PA
CBHW061018050426
42453CB00009B/1505